Kleines Harzwanderbuch der Sagen und Mythen

Band 1

Ballenstedt – Gernrode – Sternhaus –
Mägdesprung – Selketal – Ballenstedt

Bernd Sternal

Sternal Media

Bibliografische Information der Deutschen Nationalbibliothek
Die Deutsche Nationalbibliothek verzeichnet diese Publikation
in der Deutschen Nationalbibliografie; detaillierte bibliografische Daten sind im Internet über dnb.d-nb.de abrufbar.

Impressum:
© 2023 Bernd Sternal
Herausgeber: Verlag Sternal Media
Gestaltung und Satz: Sternal Media, Gernrode
              www.sternal-media.de
              www.harz-urlaub.de
Weitere Bücher hinter dem Code:

Umschlaggestaltung: Sternal Media
Fotos & Abbildungen: Archiv B. Sternal
Zeichnungen: Wolfgang Braun,
Lisa Berg sowie Archiv B. Sternal

1. Auflage März 2023
ISBN: 978-3- 7504-9850-1
Herstellung und Verlag:
BoD – Books on Demand, Norderstedt

Inhalt

	Seite
Wegbeschreibung mit Karte	5
I. Das Schloss Ballenstedt	11
1. Die Sage vom Schimmelreiter	*16*
II. Der Ballenstedter Schlosspark	19
2. Die Gegensteine bei Ballenstedt	*20*
III. Woher kommen die Gegensteine	23
IV. Die Roseburg bei Rieder	24
V. Der Osterteich bei Gernrode	28
VI. Die Gernröder Stiftskirche Sankt Cyriakus	30
3. Das Gastmahl des Gero	*35*
VII. Markgraf Gero und die Slawen	38
VIII. Die Alte Elementarschule in Gernrode	41
4. Der Heilige Teich bei Gernrode	*42*
IX. Der Stauteich „Heiliger Teich"	45
X. Das Sternhaus	45
5. Die Raubnester Heinrichsburg und Erichsburg	*48*
XI. Die Geschichte der Heinrichsburg	50
XII. Das technische Denkmal „Carlswerk" in Mägdesprung	51
6. Die Wunderblume im Selketal	*56*

Inhalt   **Seite**

XIII. Die Selkemühle und die Burg Anhalt   59

    7. Das Gold der Tidianshöhle   *61*

XIV. Gold aus dem Harz?   64

XV. Der Bismarckturm Opperode   65

Bildnachweis   68

Wegbeschreibung mit Karte

Lange Route: Ballenstedt – Gernrode – Mägdesprung – Selketal – Ballenstedt, ca. 29 Kilometer

Kurze Route: Ballenstedt – Gernrode – Sternhaus – Ballenstedt, ca. 18 Kilometer

Die Sagenwanderung 1 nimmt ihren Anfang am Schloss Ballenstedt. Das altehrwürdige Schloss der Askanier, das einstmals ein Kloster war, erzählt uns deren Geschichte in der Sage (1) vom Schimmelreiter. Der Weg führt uns dann durch den Schlosspark, vorbei an der alten Schlossmühle, die heute ein Künstleratelier ist. Rechts führt der Weg, der zugleich Europaradweg und mit einem blauen Kreis gekennzeichnet ist, am Harzrand entlang nach Gernrode. Nördlich können wir die Gegensteine erkennen, die den letzten Ausläufer der Teufelsmauer darstellen. Von dieser Gesteinsformation erzählt uns die Sage (2) von den Gegensteinen.

Vorbei an der Roseburg, die nördlich liegt und der Gemeinde Rieder, führt der Weg zum Osterteich nach Gernrode. Kurz vor dem Osterteich biegt er, der aber erst später genommen wird, in den Ostergrund zum Heiligen Teich. Zuvor sollte noch die über 1.000-jährige Sankt Cyriakuskirche in Gernrode besucht werden. Die Sage (3) erzählt uns von einem grausigen Ereignis zu Zeiten Kaiser Ottos I.

Wenn wir dem mit einem blauen Balkenkreuz versehenen Weg weiter in den Ostergrund folgen, gelangen wir zum Heiligen Teich, der uns von einer 1.000 Jahre alten Sage (4) berichtet.

Schloss mit Theater in Ballenstedt

Die Gegensteine bei Ballenstedt

Die Roseburg bei Rieder

Stiftskirche St. Cyriakus in Gernrode

Alte Elementarschule Gernrode

Der Heilige Teich bei Gernrode

Museum Carlswerk in Mägdesprung

Brückenspiegelung im Selketal

Und weiter, immer die Selketalbahn in Sichtweite, zum Sternhaus. Von dort führt ein mit einem grünen Kreis gekennzeichneter Weg nach Mägdesprung. Oberhalb des Weges liegt die Ruine der Heinrichsburg, in der Sage (5) wird von ihrem Schicksal erzählt.

In Mägdesprung angekommen, besuchen wir das ehemalige „Carlswerk", heute ein technisches Denkmal und Museum. Dann nehmen wir den Weg ins wildromantische Selketal. Hier berichten uns Hinweisschilder vom einstigen Bergbau. Irgendwo hier, unterhalb der Burg Falkenstein, muss auch die Wunderblume gewachsen sein, von der uns die Sage (6) berichtet.

An der Selkemühle angekommen, die zu einer ausgiebigen Rast einlädt, führt der Radweg E11, der als Wanderweg mit einem roten Kreis gekennzeichnet ist, zurück nach Ballenstedt. Es ist die Tidianshöhe, an der wir jetzt vorbei schreiten und die unermessliche Goldschätze beherbergen soll, wovon in der Sage (7) „Das Gold der Tidianshöhle" die Rede ist.

Immer wieder auf unserem Weg sind Sehenswürdigkeiten zu bestaunen, diese sind in der Karte mit römischen Zahlen markiert, die Texte dazu sind zwischen den Sagen eingefügt.

Cafés und Restaurants auf der Karte Seite 9:

a) Hotel „Auf der Hohe" Ballenstedt
   Auf der Hohe 1,
   06493 Ballenstedt
b) Burgcafé „Roseburg"
   Roseburg 1,
   06493 Ballenstedt
c) Historische Gaststätte Bückemühle
   Am Bückeberg 3,
   06485 Quedlinburg, OT Gernrode
d) Waldgaststätte Sternhaus
   Sternhaus 01,
   06485 Quedlinburg
e) Café Carl
   3.Hammer 29,
   06493 Harzgerode, OT Mägdesprung
f) Selketaler Waldgasthof
   Vierter Hammer 33,
   06493 Harzgerode, OT Mägdesprung

Parkplätze an der Wegstrecke:

Ballenstedt: Am Schlossplatz; An der Roseburg;

Gernrode: Park- und WoMostellplatz an der Stiftskirche; Parkplatz am Baumarkt, Quedlinburger Str., L242;

Sternhaus, Am Haltepunkt Haferfeld;

Mägdesprung, Parkplatz an der Lampenbrücke;

Parkplatz Selkemühle;

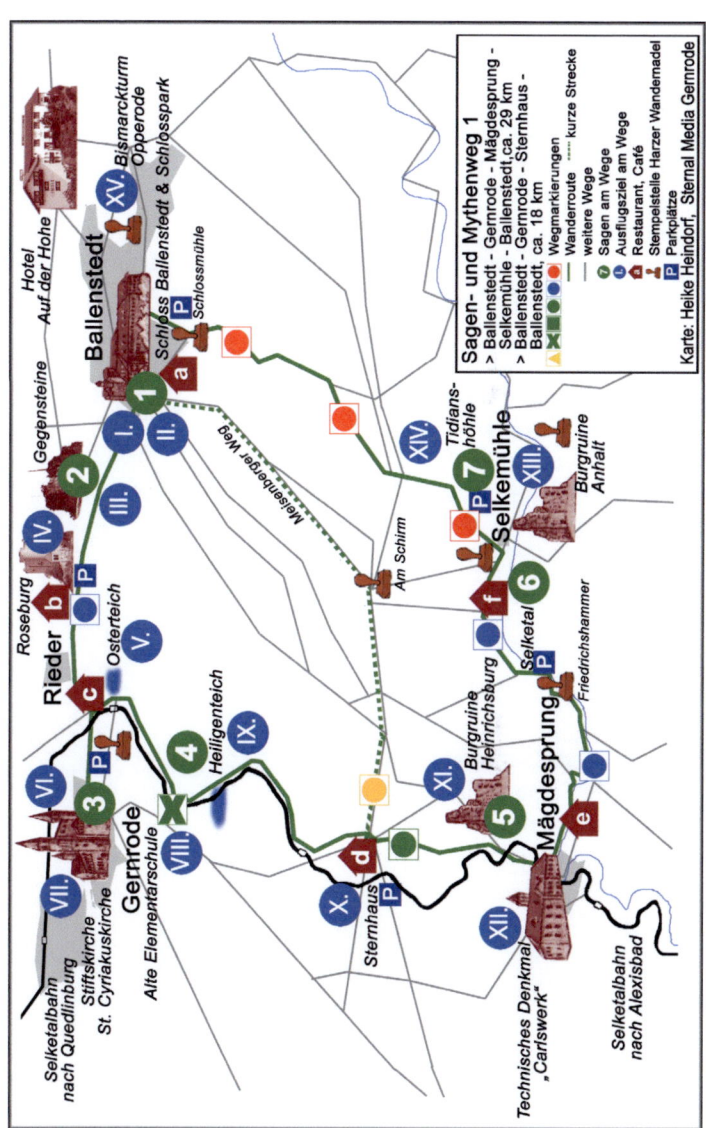

Sagen- und Mythenweg 1

> Ballenstedt - Gernrode - Mägdesprung -
Selkemühle - Ballenstedt, ca. 29 km
> Ballenstedt - Gernrode - Sternhaus -
Ballenstedt, ca. 18 km

Wegmarkierungen
Wanderroute ---- kurze Strecke
Wege
weitere Wege
Sagen am Wege
Ausflugsziel am Wege
Restaurant, Café
Stempelstelle Harzer Wandernadel
Parkplätze
Karte: Heike Heindorf, Sternal Media Gernrode

9

Buslinien und -haltestellen an der Strecke:

Linie 240
Quedlinburg – Bad Suderode – Ballenstedt –
Aschersleben:

Gernrode An der Rose, Rathenaustr., Bf,;
Rieder Gernröder Str., Rathausstraße, Gartenanlage;
Ballenstedt Roseburg, Alter Westbf. 2, Felsenkellerweg;

Linie 242
Quedlinburg – Bad Suderode – Alexisbad – Harz-
gerode – Wippra:

Gernrode An der Rose, Rathenaustr., Ärztehaus;
Haferfeld,
Sternhaus,
Mägdesprung, Drahtzug;

Linie 244
Ballenstedt – Alexisbad – Harzgerode:

Ballenstedt Marienstr., Poststr., Ärztehaus, Alter
Westbf., Felsenkellerweg;
Sternhaus Abzw.,
Mägdesprung, Drahtzug;
Alexisbad Kloster

I. Schloss Ballenstedt

Die Askanier waren eines der bedeutenden sächsischen Adelsgeschlechter im Hochmittelalter. Belegt ist die Familiengeschichte bis um das Jahr 1000, als Mitglieder der schwäbischen Adelsfamilie Beringer, die im Schwabengau (auch Suebengau genannt) ihre Heimat hatten, durch Heirat mit den benachbarten sächsischen Adelshäusern, die Grafschaft Aschersleben in Besitz nahmen. Eine jahrhundertelange Feindschaft zwischen den suebischen „Ureinwohnern" dieser Südostharzer Region und den zur Völkerwanderungszeit zugewanderten Sachsen wurde damit beendet.

Der Name des neuen, mächtigen Fürstengeschlechts der Askanier leitet sich von Ascharia (Aschersleben) ab. Als erster seines Geschlechts ist Graf Esico von Ballenstedt im Jahr 1036 überliefert. Er gründete an der Stelle des heutigen Schlosses Ballenstedt ein Augustiner-Chorherrenstift. Uta von Ballenstedt, bekannt als „Uta von Naumburg" war die Schwester von Graf Esico. Uta war vermählt mit dem Markgrafen Ekkehard II. von Meißen und blieb kinderlos. Daher fiel ihre Mitgift nach ihrem Tod an das Stift Gernrode und den Dom zu Naumburg. Als Stifterfigur „Uta von Naumburg", eine von 12 Stifterfiguren am Naumburger Dom, ging sie in die Geschichte ein. Graf Esicos Sohn, Otto der Reiche und dessen Sohn Albrecht der Bär, wandelten um das Jahr 1123 das Stift in ein Benediktinerkloster um. Zu dieser Zeit existierten Kloster und Burg innerhalb der gleichen Mauern nebeneinander.

In die Geschichte ging Albrecht I. insbesondere als Kriegsherr ein. Er eroberte am 11. Juni des Jahres 1157 die Mark Brandenburg und nannte sich fortan „Markgraf von Brandenburg". Graf Albrecht der Bär ließ die Burg Anhalt, gelegen auf dem Hausberg hoch über dem Selketal, wieder aufbauen, die sein Großvater Graf Esico gegründet hatte und die im Jahr 1140 im Sachsenkrieg zerstört wurden war.

Albrecht der Bär war entscheidend für die Ostexpansion des HRR verantwortlich, was zu einer bedeutenden Machterweiterung für die Askanier führte. Nach dem Tod von Albrecht dem Bären begann unter der Herrschaft seiner Söhne die Macht zu zersplittern, was sich über die folgenden Generationen fortsetzte. Es bildeten sich nachfolgende Linien, von denen einige im Laufe der Jahrhunderte wieder ausstarben: Askanische Grafen zu Weimar-Orlamünde, - zu Orlamünde, - zu Weimar, Askanische Herzöge von Sachsen, - zu Sachsen-Lauenburg, Askanische Herzöge und Kurfürsten zu Sachsen-Wittenberg, Askanische Markgrafen von Brandenburg sowie die Askanischen Fürsten und Herzöge zu Anhalt mit zahlreichen Nebenlinien.

Mit der Ausdehnung des Machtbereichs der Askanier nach Norden und Osten sank in gleichem Maße die Bedeutung des Benediktinerklosters, das im 14. und 15. Jahrhundert zu verkommen drohte. Im Jahr 1525 wurde das Kloster dann von Aufständischen im Bauernkrieg gestürmt. Nach der Niederschlagung des Bauernaufstandes übergab noch im selben Jahr der Klosterabt das Kloster an Fürst Wolfgang von Anhalt. Dieser war Anhänger und Verfechter des Protestantismus und säkularisierte das Kloster, indem er es abtragen ließ. Dies war zugleich die Grundsteinlegung des heutigen Schlosses Ballenstedt. Zuerst ließ Fürst Wolfgang den Westflügel bauen, es folgte die Erneuerung der Klosterkirche.

Im 17. Jahrhundert diente das Schloss vorrangig als Prinzen- und Witwensitz. Der Dreißigjährige Krieg von 1618 bis 1648 und seine Folgen beutelten das Land und waren auch für die Askanier eine schwere Zeit, da das Schloss mehrfach geplündert wurde.

Schloss Ballenstedt, Zeichnung 1837 Brockhaus.

Erst Anfang des 18. Jahrhunderts gelang es Fürst Victor Amadeus von Anhalt den Südflügel des Schlosses zu errichten. Nach dessen Fertigstellung gab die fürstliche Familie ihre Gemächer im Westflügel auf. Es wurden weitere Baulichkeiten längs der Auffahrt zum Schloss errichtet. Der Sohn von Fürst Victor Amadeus, Karl Friedrich, sowie dessen Sohn Victor Friedrich, waren ausgesprochene Liebhaber großer, barocker Jagden. Im Jahr 1732 ließen sie deshalb ein Zeug- und Gesindehaus errichten, das in späterer Zeit als Gasthof umgenutzt wurde und daher seinen Namen „Großer Gasthof" bekam.

Nach der Wiedervereinigung wurde der stark baufällige „Große Gasthof" abgerissen. An seiner Stelle steht heute das Schlosshotel. Mitte des 18. Jahrhunderts wurde die Klosterkirche abgerissen und an ihrer Stelle der architektonisch markante Nord- oder Kirchenflügel errichtet.

Die vergangenen Jahrhunderte waren auch aus anderem Grund für die Askanier machtpolitisch ungünstig verlaufen. Das Prinzip der Primogenitur (Erbfolgeprinzip, bei dem nur der Erstgeborene das Erbe antritt) wurde bis zum Jahr 1727 bei den Askaniern nicht angewandt. Das Erbe und somit aller Grundbesitz wurde bis dahin immer unter allen Söhnen aufgeteilt, was zu einer Zersplitterung und damit verbunden zu einer Einbuße an Macht und Einfluss im Heiligen Römischen Reich führte.

Fürst Friedrich Albert, Sohn von Fürst Victor Friedrich, verlegte die Jahrhunderte bestehende Residenz der Askanier-Nebenlinie Anhalt-Bernburg Mitte des 18. Jahrhunderts von Bernburg nach Ballenstedt. Der Sohn und Thronfolger Herzog Alexius Friedrich Christian nahm zu Beginn des 19. Jahrhunderts weitere Anbauten vor, so ließ er den Nordostflügel bis an das Schlosstor verlängern.

Dessen Sohn, der letzte Herzog von Anhalt-Bernburg, Alexander Karl führte eine kinderlose Ehe und erkrankte psychisch schwer. Nach seinem Tod im Jahr 1863 fiel der gesamte Besitz an die Dessauer Nebenlinie unter Leopold IV. Da bereits im Jahr 1847 die Nebenlinie Anhalt-Köthen erloschen war, fand dann im Jahr 1863 eine Vereinigung der drei Linien zum Herzogtum Anhalt statt.

In den folgenden Jahrzehnten diente das Schloss teilweise als Residenz und/oder Jagdschloss. Im Jahr 1918, nach Abdankung des Kaisers und mit der Übergabe der Regierungsgeschäfte an den 1. Kanzler der Deutsche Republik, Friedrich Ebert, war der Adel der Macht enthoben.

Ab diesem Zeitpunkt, bis zum Ende des zweiten Weltkriegs, war das Schloss Wohnsitz der Familie von Anhalt. Nach dem Zweiten Weltkrieg wurde die Familie von Anhalt vertrieben und enteignet.

Schloss Ballenstedt, Blick vom Schlossteich.

Joachim Ernst von Anhalt wurde von der sowjetischen Besatzung im KZ Buchenwald interniert, wo er verstarb. Sein Schicksal war besonders tragisch, da Graf Joachim Ernst ein ausgewiesener Gegner des NS-Regimes war.

In der Zeit nach 1946 wurde auf dem Schloss eine Forstfachschule installiert, was zu einigen Umbauten sowie Zerstörungen der ursprünglichen Baulichkeiten führte.

Seit der Wiedervereinigung bemühen sich die Stadt Ballenstedt sowie verschiedene regionale Fördervereine um die Wiederherstellung sowie Sanierung und Restaurierung des Schlossensembles, zu dem neben dem Schloss auch der Große Gasthof, das Schlosstheater, der Marstall und der Schlosspark zählen.

Die folgende Sage kann auf dem Gelände des Schlosses Ballenstedt verortet werden. Der Marstall ist ein Ort des Geschehens. Der heutige Marstall, am Schlossplatz 5, wurde von Fürst Alexius Friedrich von Anhalt-Bernburg (1767 – 1834) erbaut. Nach einer umfassenden Sanierung und unter strengen Auflagen des Denkmalschutzes erstrahlt der Herzogliche Gebäudekomplex wieder im neuen Glanz. Im historischen Marstall befindet sich heute ein Café, das seine Gäste mit vielen hausgemachten Spezialitäten verwöhnt.

1. Die Sage vom Schimmelreiter

Still ist die Nacht. Aber ob sie auch verschwiegen ist? Nein, sie plaudert alles aus, früher oder später bringt sie alles zu Tage.

Da war es einmal einem Wachtmeister auf dem Oberhof zu Ballenstedt ganz seltsam ergangen. Er hatte seinen Schimmel versorgt, ihn in den Stall gebracht und diesen verschlossen. Dann war er müde zu Bett gegangen. Plötzlich wachte er auf, mitten in der Nacht, vom Turm her schallten zwölf Schläge. Was nichts Besonderes war, aber er hörte auch Rasseln, Rufe, Türschlagen und Pferdegetrappel. Schnell sprang er auf, ans Fenster, um nachzusehen was da los war.

Was er sah, hätte er nicht geglaubt, wenn er es nicht mit eigenen Augen gesehen hätte. Doch schon sein seliger Vater, der aus Ballenstedt war, hatte ihm von diesem seltsamen Ereignis folgendes erzählt: Es war einmal ein

Edelmann, der liebe Pferde über alles. Er wollte nicht lernen und was er lernen musste, vergaß er schnell wieder. Er dachte nur an Pferde und ans Reiten.

Auch sein Vater war schon so ein verrückter Pferdenarr. Und als der gestorben war, hinterließ er seinem Sohn nur Schulden. Was sollte der arme Edelmann machen? Sollte er dienen, oder arbeiten? Aber er konnte ja nichts außer mit Pferden umgehen und ein Pferd besaß er nicht.

So entschloss er sich, ohne den rechten Glauben, ins Kloster zu gehen. Aber bei allem was er im Kloster tat, dachte er nur ans Reiten. Wenn das Messglöckchen läutete, wenn die anderen Mönche beteten oder Buße leisteten, immer ging ihm das Reiten durch den Kopf. Darüber wurde er alt und grau und sein letztes Stündlein kam. Der fromme Bruder, der ihm den letzten Liebesdienst erwies, hörte von den Lippen des sterbenden Mönches nur den Wunsch reiten zu können. Das war sein letzter Wunsch, der aber unerfüllt blieb!

Als man ihn zu Grabe trug, hörten die Mönche mit Entsetzen das Stampfen von Rosshufen und das fortwährende Wiehern eines Pferdes. Von da an war in den Klosterställen nichts mehr wie vorher. Nachts klapperten die Stalltüren und Pferdegeschirr rasselte. Und jeden Morgen aufs Neue waren alle Pferde in ihren Ställen von ihren Fesseln befreit.

Die Zeit verging, das Kloster wurde aufgegeben. Die Ställe beherbergten keine Pferde mehr, stattdessen wurden sie von Knechten und Handwerkern bewohnt. In jener Nacht, als der Wachtmeister aus dem Schlaf gerissen wurde, sah er an der Mauer entlang seinen Schimmel traben. Auf dessen Rücken saß ein großer Mönch, der sehr zornig dreinblickte. Dem Wachmann lief es eiskalt den Rücken runter und er sprang wieder in sein Bett und zog die Bettdecke über seinen Kopf. Als er am Morgen erwachte, lachte er über seinen bösen Traum.

Aber das Lachen verging ihm, als er ans Fenster trat und seinen Schimmel auf dem Hofe stehen sah. Die Stalltür stand weit offen! Als es wieder Abend wurde verrammelte der Wachtmeister die Stalltüren und verdoppelte die Ketten. Aber das half wenig, früh stand der Schimmel wieder auf dem Hof und die Stalltür stand offen. Da brachte er sein Pferd in einen weit abgelegenen Stall.

Aber in der Nacht polterte, trappelte und rasselte es nur umso schlimmer, so dass alle auf dem Hof erwachten und ihnen Angst und Bange wurde. Da reichte es dem Wachtmeister, er nahm seinen Schimmel, quittierte den Dienst und zog fort. Sollte doch der Mönch reiten worauf er wolle, nur nicht auf seinem Schimmel.

Viel Zeit ist vergangen, der Oberhof ist lange weggerissen, eine Villa steht an seiner Stelle. Und wo der Pferdestall stand, ist nur noch Garten. Aber der Mönch erscheint noch immer und sucht nach Pferden zum Ausreiten. Wohnen möchte man dort wohl nicht!

II. Der Ballenstedter Schlosspark

Das Anlegen des Schlossparks, der heute zu den bedeutendsten Parkanlagen Sachsen-Anhalts zählt, geht auf den Fürsten Friedrich Albert von Anhalt-Bernburg (1735 – 1796) zurück. Die Anfänge des Parks wurden vom Landschaftsarchitekten Peter Joseph Lenné neu überplant.

Der den Park prägende nordöstliche Teil wurde nach Lennés Plänen von 1858 bis 1863 neugestaltet. Bei seinen Plänen orientierte sich der Gartenkünstler am italienischen Terrassenbau und schuf entsprechende Wasserachsen. Der 29 Hektar große Park, über dem die Schlossanlage thront, gehört zu den „Gartenträume – Historische Parks in Sachsen-Anhalt".

Leider sind von den einst zahlreichen Plastiken nur noch zwei erhalten: der „Schwedenstein" am Westufer des Schlossteiches sowie der von Johann Gottfried Schadow entworfene gusseiserne Löwe.

Schlosspark in Ballenstedt.

Die noch unter Fürst Friedrich Albert 1785 erbaute Schlossmühle dient heute als Ort der Kunst. 1998 abgebrannt, wurde sie denkmalgerecht wieder aufgebaut und ist für ein Künstlerpaar Wohnung, Atelier und Ausstellungsraum.

2. Die Gegensteine von Ballenstedt

Unweit von Ballenstedt ragen zwei Felsen empor, welche die seltsame Bezeichnung „der Stumme und der Laute Gegenstein" tragen. Jetzt sind sie beide stumm, aber der Gegenstein hat einmal getobt, lauter als ein Mensch es vermag und lauter als man es ertragen könnte.

Das war so:

In Ballenstedt, das früher ein kleines Dorf war, lebte ein wohlhabender Bauer, der war über alle Maßen geizig und wenn er ein profitables Geschäft witterte, war ihm jedes Mittel recht. An einem schönen Sonntagmorgen wollte er nach Quedlinburg reiten, um dort in die Kirche zu gehen. Noch vor Morgengrauen war er aufgestanden und versorgte Vieh und Hof. Davon war er so müde geworden, dass er auf dem Pferd einschlief, statt den schönen Morgen zu genießen.

Plötzlich blieb sein Pferd stehen. Der Bauer erwachte, aber alles Hüh und Hott brachte das Tier nicht wieder in Bewegung. Er stieg vom Pferd und nun sah er zu seinem Erstaunen, dass ihm die ganze Gegend fremd war. Nur an den beiden Felsen erriet er, dass er in der Nähe der Gegensteine sein musste.

Mit Staunen jedoch bemerkte er an dem Felsen eine Tür. Er ging auf die Tür zu, öffnete diese und sah, dass im Inneren des Felsens eine Treppe abwärts in eine Höhle führte. Unten aber sah der Bauer einen Haufen Gold- und Silbergeld. Links daneben lag eine silberne Peitsche, rechts saß ein riesiger Hund, der aus feurig funkelnden Augen wütend zu dem Bauer empor glotzte. „Ach was", dachte der Bauer, „ich werde mich doch vor dem Hunde nicht fürchten!".

Er ging hinunter und holte sich den Ranzen voll Geld herauf, schüttete ihn aus und stieg noch einmal hinab. Da knurrte der Hund leise und drohend, aber er ließ den Bauer nehmen so viel er mochte und damit hinauf klettern. Die Geldgier des Mannes war aber so gewaltig, dass er nicht widerstehen konnte zum dritten Male in die Höhle zu steigen. Diesmal knurrte der Hund lauter und fletschte wütend die Zähne. Den Bauer gruselte es nun doch, denn solch grässlichen Hund hatte er noch nie gesehen.

Jedoch als er oben war, fiel ihm die Peitsche ein. Sie im Stich lassen? Nein, als Pferdenarr konnte er diese Peitsche nicht in der Höhle lassen. Um diese Peitsche müssten ihn alle Leute beneiden, meinte er und stieg wieder herab. Auch die Peitsche ließ ihn der Hund nehmen, als aber der Bauer versuchte, sich noch einmal die Taschen voll Geld zu stopfen, da erhob der Hund ein rasendes Geheul. Die Felswände erzitterten und riesige Flammen loderten aus des Riesenhundes Rachen und Augen. Dazu *bebte der Boden unter den Füßen des Mannes und er hörte ein Poltern, Krachen und Brüllen, so dass ihm Hören und Sehen verging.*

Wieder oben angekommen, wusste er nicht wie ihm geschehen war. Er fand sich am Boden liegend in der Nähe der Gegensteine wieder, neben ihm stand sein Pferd. Es war zu schrecklich gewesen, um das Erlebte für Wahrheit zu halten. Aber die silberne Peitsche, die er in der Hand hielt, belehrte ihn, dass er nicht bloß geträumt hatte. Mühsam stieg er auf sein Pferd und ritt nach Hause. Müde legte er sich zur Ruh, und acht Tage darauf war er tot.

III. Woher kommen die Gegensteine

Die Gegensteine sind der östlichste Ausläufer der Teufelsmauer, dieser außergewöhnlichen geologischen Sandsteinformation, die ein Relikt der Kreidezeit ist. Gelegen ist diese sehenswerte Gesteinsformation nördlich der Stadt Ballenstedt, die gut über die B185 sowie L242 erreichbar ist. Schon aus der Ferne wirken diese monumentalen Sandsteinfelsen auf den Betrachter mystisch, wie von „Teufelshand" mitten in die flache Landschaft geworfen.

Eine Wanderung entlang an den Gegensteinen, die übrigens inmitten eines Naturschutzgebietes liegen, verstärkt den Eindruck noch. Die Mystik dieses Ortes erkannten auch schon unsere Vorfahren in vorgeschichtlicher Zeit. Ein Bronzehortfund einer jungbronzezeitlichen Höhensiedlung auf den Kleinen Gegensteinen, der übrigens im Museum Ballenstedt ausgestellt ist, stellt den unzweifelhaften Beweis dar.

Die Gegensteine bestehen aus zwei Sandsteinformationen, dem Großen und dem Kleinen Gegenstein. Bei einem Fußmarsch entlang dieses Höhenzuges wird man auch die Einzigartigkeit der Natur und insbesondere der Vegetation, bestaunen können. Teilweise beträgt die Humusschicht über dem Gestein nur wenige Millimeter. Der Große Gegenstein wurde 1863 durch eine in den Stein geschlagene Treppe besteigbar gemacht. Dabei wurde zu Ehren des im gleichen Jahr verstorbenen, Herzog Alexander Carl von Anhalt-Bernburg, ein Gipfelkreuz aufgestellt. Eine Kunstgusstafel am Treppenaufstieg, der allerdings nur Schwindelfreien angeraten werden kann, erinnert an dieses Ereignis.

Am östlichen Fuße der Gegensteine gibt es ein umfangreiches Höhlensystem, das leider heute für Besucher mit Stahltüren verschlossen wurde. Wann, von wem und zu welchem Zweck diese Höhlen errichtet wurden ist, ist nicht bekannt. In der Neuzeit wurde das großräumige Höhlensystem wirtschaftlich genutzt. Warum es heute verschlossen ist? Auf jeden Fall sind die Gegensteine bei Ballenstedt zu jeder Jahreszeit ein attraktives Ausflugsziel, das bei gutem Wetter einen großartigen Ausblick garantiert.

VI. Die Roseburg bei Rieder

Denkt man an Märchenschlösser, so denkt man an Neuschwanstein, Versailles oder Sanssouci. Dass sich auch am nordöstlichen Harzvorland ein solches befindet, wird viele verwundern. Die Roseburg, wie dieses Harzer Märchenschloss heißt, liegt zwischen Rieder und Ballenstedt, direkt an der Landesstraße 242. Es ist weder so alt wie

Versailles noch so pompös wie Neuschwanstein. Zudem drängeln sich keine Touristenströme, bestückt mit Videokamera und Fotoapparat, in Park und Baulichkeiten.

Und dennoch! Wer die Roseburg einmal besucht hat, wird zustimmen: Es ist ein Märchenschloss, wenn auch ein neuzeitliches. Daher ist in diesem Fall auch kein Zweifel am Erbauer der Burg zu hegen: Es war Bernhard Sehring.

Die Roseburg bei Ballenstedt, Postkarte um 1925.

Der begnadete Berliner Architekt und Bauherr lebte von 1855 bis 1941. Referenzen hat Sehring reichlich aufzuweisen. Die bekanntesten Bauten aus der Feder von Sehring sind wohl das Theater des Westens sowie das Berliner Künstlerhaus St. Lucas. Das Wirkspektrum von Architekt Sehring war weit gefächert und reichte vom Wohnhaus über Theater- und Kulturbauten bis zum Schloss. Kein Wunder also, dass Sehring sich mit der Roseburg ab 1905 einen lang gehegten Wunsch erfüllte, in den er all seine Kreativität und Erfahrung einbringen konnte.

Das Areal, auf dem die Roseburg erbaut ist, liegt auf einem 254 Meter hohen Felsrücken aus Muschelkalk, am Westende der Steinberge. Erworben hat es Sehring von den Grafen Anhalt-Dessau. Gebaut hat er sein Traumschloss inklusive Parkanlage auf den Mauern einer uralten Burg.

Die erste urkundliche Erwähnung stammt aus dem Jahr 963 und nennt den Namen „Rothallasburc". Weitere Details zur Geschichte der Burg sind bisher nicht überliefert, in der Vergangenheit gemachte archäologische Funde sind nicht erhalten.

Zurück zu Architekt Sehring und seinem Lebenswerk „Roseburg". Die Bauzeit für Burg und Park nahm 18 Jahre, von 1907 bis 1925, in Anspruch. Insgesamt soll der engagierte Architekt 13 Millionen Reichsmark verbaut haben, wobei allein die aufwändige 1.600 Meter lange Außenmauer über 1 Million Reichsmark gekostet haben soll.

Entstanden ist ein Burgensemble mit vielschichtigen Stilelementen. Romanisches Flair und italienischer Frühbarock bilden eine Einheit mit Jugendstil und Klassizismus, eingerahmt von einer großzügigen Parkanlage nach Vorbild eines englischen Landschaftsgartens, mit Türmen, Wasserkaskaden und Obstgärten.

Leider ging dem Stararchitekten ab 1920 das Geld aus, was dazu führte, dass nicht alle seine Pläne verwirklicht werden konnten. Nach Bernhard Sehrings Tod im Jahr 1941, sowie dem Tod seiner Ehefrau im Jahr 1950, erlebte die Roseburg eine sehr wechselvolle Geschichte, die in einem „Besitzer-Krimi" nach der Wiedervereinigung gipfelte.

Historische Gaststätte Bückemühle

Am Bückeberg 3
06485 Quedlinburg / OT Gernrode
Telefon: 0 39 485 – 419
Internet: www.bueckemuehle.de

1997 kam der Gebäudekomplex mit dem Fischteich in den Privatbesitz von Rüdiger Karger. Seitdem ist er bemüht den historischen Kern der Bückemühle zu erhalten. Herr Karger hat den Gaststättenbereich erweitert, dabei wurde das historische Fachwerk vorzüglich integriert.

Das historische Fischrestaurant bietet ein urig-gemütliches Ambiente. Im Sommer lädt der Biergarten auf dem Teichdamm zum Verweilen ein. Es wird frischer Fisch aus Harzer Gewässern sowie aus dem Meer, kredenzt. Wer jedoch keinen Fisch mag, für den gibt es reichlich Alternativen.

Geöffnet ist das historische Fischrestaurant von Donnerstag bis Sonntag von 11.30 – 14.30 Uhr und von 17 – 21 Uhr. Landschaftlich schön gelegen, ist die Bückemühle der ideale Ausgangspunkt für Wanderungen und Fahrradtouren.

Seit 2006 ist das „Märchenschlösschen" an Privatinvesto-
ren verkauft, die Erhaltungs-, Sanierungs- und Restaura-
tionsarbeiten an Gebäuden und Park durchführen. Auch
erstrahlt seit 2009 das ehemalige Burgcafé in neuem
Glanz.

V. Der Osterteich bei Gernrode

Der Osterteich ist ein typischer Stauteich am Übergang
vom Gebirge zum Vorland. Er liegt am östlichen Ortsaus-
gang von Gernrode, Richtung Ballenstedt und staut den
Wellbach am Ausgang des Ostergrundes. Es ist ein idyl-
lisches Tal, in dem der Osterteich mit seinen ca.
1,5 Hektar Wasserfläche liegt. Und ein nostalgisch-ro-
mantisches dazu, denn durch dieses Tal, direkt am westlichen Teichufer, taucht die Selketalbahn mit unüberhör-
barem „Geschnaufe" in das Gebirge ein.

Der Osterteich ist als saisonales Waldbad ausgewiesen,
das heißt, er wird von Rettungsschwimmern vom 01.06.
bis 31.08. in den Öffnungszeiten gesichert, das jedoch
nur bei einer Außentemperatur von mehr als 18°C im
Schatten und einer Wassertemperatur von mehr als 15°C.

Das Wasser hat eine ausgezeichnete Qualität, eingestuft
als Klasse 1 „sehr gut geeignet als Badegewässer" und
auch der Sandstrand und die ausgedehnte Liegewiese
sind von guter Qualität. In unmittelbarer Nähe des Bade-
bereiches, der sich am südöstlichen Teichanfang befindet, gibt es ein Imbissangebot und eine kleine Terrasse.
Der Badebereich hat sehr flache Zonen, so dass er auch
für kleinere Kinder bestens geeignet ist. Sanitäre Anlagen

sind vorhanden und in ordentlichem Zustand. Dieser Bereich weist auch einen kleinen Kinderspielplatz mit sportlichen Geräten aus.

Der Osterteich bei Gernrode.

Der Osterteich verfügt über einen großen, gepflasterten Parkplatz unterhalb des Dammes, der kostenlos zu nutzen ist. Somit ist das Waldbad auf direktem Wege mit dem Fahrzeug zu erreichen.

Als Betreiber des Osterteiches haben die Stadtwerke Quedlinburg eine schwimmende Badeinsel installiert, die für die Erholung zwischen den Schwimmphasen oder auch als Sprungmöglichkeit genutzt werden kann. Sportlich bietet die SUP-Schule „Original-sein" auf dem See Unterricht und viel Spaß rund um das Thema „Stand up Paddling".

VI. Die Gernröder Stiftskirche Sankt Cyriakus

Die Gernröder Stiftskirche St. Cyriakus ist weit über die Grenzen des Harzes hinaus bekannt. Sie ist ein ottonisches Bauwerk von höchstem baugeschichtlichem Rang und damit ein Stück wertvollsten Kulturerbes. Die Stiftskirche hat einige außergewöhnliche Besonderheiten. Ihre Hallenkrypta galt lange als die älteste deutsche, in letzter Zeit muss sie diese Ehre an die Michealiskirche in Rohr abgeben. Das Langhaus, mit anerkannter byzantinischer Herkunft, seinen Emporen und Arkaden, ist einzigartig und das Heilige Grab ist die älteste erhaltene „Nachbildung" des Grabes Christi in Jerusalem, nördlich der Alpen.

Zur Zeit Otto I. gründete Markgraf Gero das Stift Gernrode, um nach dem Tod seiner beiden Söhne, Siegfried und Gero II., seine junge Schwiegertochter Hathui als Äbtissin einzusetzen und somit finanziell abzusichern. Die entsprechende urkundliche Erwähnung vom 25.3.964 stellte sich aber nach neuesten wissenschaftlichen Erkenntnissen als eine Fälschung heraus. Sie wurde von Gernröder Kanonissen um das Jahr 1200 erstellt und galt von da an, auf Grund der gefälschten schriftlichen Inhalte sowie des Gero-Siegels, als echt.

Echt dagegen sind die beiden Schutzurkunden für das Stift aus dem Jahr 961 von König Otto I. sowie Mitkönig Otto II. Demnach wurde das Stift zwischen den Jahren 959 und 961 neben der Burg Geronisroth gegründet, die also schon bestanden haben muss, von der aber keine nachweislichen Spuren mehr vorhanden sind.

Nach aktuellem Wissensstand entstammte Markgraf Gero einem alten Harzgrafengeschlecht. Sein Vater soll Graf Thietmar im Harzgau gewesen sein. Dessen Abstammung soll auf die Friedrich-Reihe der Grafen im Harzgau zurückgehen. Diese Harzgrafen-Linie der Wettiner, führt bis ins 7. Jahrhundert zurück. Mit dem Tod von Gero dem Großen im Jahr 965 war dessen Wettiner-Linie ausgestorben. Die Gattin seines verstorbenen Sohns Siegfried, Hathui, aus dem Hause der Billunger, wurde im Jahr 962 vom Halberstädter Bischof Bernhard zur Äbtissin geweiht und stand dem Stift dann 52 Jahre lang vor.

Grabmal des Gero in der St. Cyriakuskirche.

Der Name des Stift St. Cyriakus ist auf eine Armreliquie des Heiligen Cyriakus zurückzuführen, die Markgraf Gero aus Rom mitbrachte und dem Stift übergab. Über lange Zeit standen das Kanonissen-Stift und seine Güter unter der Schutzherrschaft von Kaiser und Papst und hatte dadurch umfangreiche Privilegien.

Es wird angenommen, dass der Bau des Stifts um das Jahr 1014 abgeschlossen war und aus diesem Anlass Hathui die Kirche mit einem Kirchenschatz ausstattete. Die Errichtung des Heiligen Grabes, im südlichen Seitenschiff der Kirche, soll auf das Jahr 1080 zurückgehen. Um das Jahr 1170 wurde die Kreuzganganlage mit Stiftsgebäude errichtet. Im Jahr 1188 hält Kaiser Friedrich I. Hoftag im Stift und im Jahr 1323 ließen die Grafen von Askanien den Stiftsbezirk befestigen. Während dieser Arbeiten wurden Reliquien, das Archiv und der Domschatz gestohlen.

Im Jahr 1525 rettete Äbtissin Elisabeth von Weida das Stift vor Zerstörungen und Plünderungen im Bauernkrieg. Vom Jahr 1521 bis um das Jahr 1555 wurde in Zusammenarbeit von Äbtissin Elisabeth und Stephan Molitor die Reformation durchgesetzt, die Stiftskirche wurde gemeinsames Gotteshaus des Stifts und der Pfarrgemeinde. Im Jahr 1570 dann verfasst Andreas Popperod die Annalen des Stifts.

Im Zeitalter der Glaubensspaltung wurde im Jahr 1616 in Gernrode das reformierte Bekenntnis mit Gewalt durchgesetzt. Dabei wurden die Altäre und die mittelalterliche Ausstattung des Stifts beseitigt, die Cyriakus-Reliquie vergraben, das Heilige Grab schwer beschädigt, sieben Relieffiguren wurden die Köpfe abgeschlagen und die Grabkammern wurden vermauert. Diese Schändung ihres Stifts überlebte die letzte Äbtissin nicht.

Ab 1619 wird der Stiftsbezirk fürstliche Domäne. Zum Ende des 17. Jahrhunderts wird das Stiftsgebäude zum „Schloss" umgebaut. Von den Jahren 1721 bis 1740 wurde die bürgerliche Gemahlin von Fürst Karl Friedrich

von Anhalt-Bernburg auf das Gernröder Schloss ver-
bannt. Ab etwa 1650 verlor das Stift seine Jahrhunderte
lange Bedeutung, die Kirche wurde nur noch als Pfarrkir-
che genutzt, im Jahr 1806 wurde auch noch die Immunität
des Stifts aufgehoben.

Stiftskirche Sankt Cyriakus in Gernrode.

Im Jahr 1834 entdeckte der junge Kunsthistoriker und
Schriftsteller Franz Kugler die Stiftkirche als Kulturdenk-
mal wieder und veröffentlichte eine Beschreibung.
Daraufhin kam der bedeutende Kunsthistoriker Ludwig
Puttrich nach Gernrode und nahm die Stiftskirche in sein
Hauptwerk „Denkmale der Baukunst des Mittelalters in
Sachsen" auf. Und er setzte sich aufopferungsvoll bei
Herzog Leopold von Anhalt-Dessau für die Restaurierung
der vom Verfall bedrohten St. Cyriakus-Kirche ein.

Im Jahr 1859 erhielt der Architekt, Kunsthistoriker und Erster Preußischer Staatskonservator Ferdinand von Quast den Auftrag, die Stiftskirche zu restaurieren. Die Restaurierung zog sich bis ins Jahr 1872 hin. Aber wie das so ist, mit alten Bauwerken einerseits und mit über Tausendjährigen andererseits, die Restaurierungen haben bis heute nicht aufgehört und weil das so ist, sieht der Besucher der Stiftskirche ihr das Alter auch nicht unbedingt an.

Wilhelm von Kügelgen schrieb im Jahr 1861 an seinen Bruder Gerhard: „Ich wünschte, ich könnte Dir jetzt die alte vom Markgrafen Gero im 10. Jahrhundert erbaute romanische Abteikirche in Gernrode zeigen, die eben ganz so, wie sie war, auf herzogliche Kosten wiederhergestellt wird. Es ist unbegreiflich, wie diese Alten, denen wir so wenig Kenntnisse zuzutrauen geneigt sind, doch einen so überaus subtilen Geschmack haben konnten; dabei handelt es sich hier nur um die Vorläufer der vollendeten Gotik des 13. Jahrhunderts. Diese alten Kirchen sind versteinerte Psalmen. In einer Kirche wie der Gernröder kann die Predigt zur Not wegfallen, weil die Steine predigen. Das Herz wird himmelan gerissen.".

Das „Heilige Grab" wurde im November 2012 nach einer umfassenden Restaurierung wiedereröffnet. Dabei wurden der Reliefschmuck und die Malereien des Grabes in Stand gesetzt sowie die Bodenplatten konserviert. Gruppenführungen werden nach rechtzeitiger Voranmeldung durchgeführt.

3. Das Gastmahl des Gero

Durch den dichten Wald, über die schier undurchdringlichen Harzberge, kamen Reiter auf stolzen Rossen. Trutzig wilde Gesellen in seltsamer Tracht. Sie erweckten den Anschein, in den Kampf ziehen zu wollen und nicht zum fröhlichen Gastmahl. Gar grimmig schauten sie drein, die Wendenhäuptlinge, die von Markgraf Gero eingeladen waren.

„Und ich sage Euch, traut dem Gero nicht", sprach der alte Haudegen Tugimar. „König Otto hätte längst in unsere Forderungen eingewilligt. Gero ist es, der uns nicht wohl gesonnen ist. Ich erschlug ihm den Bruder in der Schlacht. Ich mag Geros Brot und Wein nicht. Zum letzten Mal sage ich Euch: Lasst uns umkehren!". Aber alle schimpften auf Tugimar, unterstellten ihm unredliche Absichten. Da wandte der sein Ross, bot einen letzten Gruß und ritt wieder der Lauenburg zu.

Aber es wurde weiter gezetert über Tugimar, dessen Bruder auch unter den Häuptlingen war. Der wurde zornig und gelobte jedem, der seinem Bruder Übles nachsagte, bittere Feindschaft. Und er sprach: „Was über und unter der Erde ist, darf auch der Wende fürchten, aber einen Feind von Fleisch und Blut? Nimmermehr!" Und wie sie so stritten, da waren sie auch schon vor Geros Burg.

Die Wenden wurden von Geros Knechten mit heiterem Willkommen empfangen. Burg und Hof leuchteten im festlichen Glanz, Musikanten und Gaukler sorgten für Frohsinn. Den Pferden wurde Wasser und duftendes Heu gereicht und zufrieden betraten die Wendenfürsten den Festsaal. Speisen und Trank waren köstlich und eifrig *kreisten die Krüge um die Becher zu füllen. Das Fest wurde immer fröhlicher und lauter.*

Der eine oder andere sank unter den Tisch, desto lustiger lachten und johlten die anderen, bis einige anfingen, den Aufbruch anzumahnen. Gero hatte kurz zuvor den Saal verlassen. Plötzlich stürzte er, gefolgt von schwerbewaffneten Knechten, in den Festsaal zurück.

Erschrocken starrten die Gäste ihnen entgegen, ein kurzes aber entsetzliches Geheul setzte ein. Das Blut der Wenden spritze an Wand und Decke, im Blute wateten die Füße der Mörder, bis auch der letzte Gast erschlagen war. Die Flüche der sterbenden Wenden hatte Gero nicht verstanden, nur den Namen Tigumar. Die Sterbeschreie der Wenden begleiteten den Markgrafen auf Schritt und Tritt. Als die Wenden und Slawen von dem schmachvollen Tod ihrer Fürsten erfuhren, zogen sie sich zuerst erschreckt und verbittert zurück. Doch dann verbündeten sie sich mit den Ungarn und überzogen die deutschen Gaue mit Krieg, Zerstörung und Plünderung.

Markgraf Geros Sohn fiel in der ersten dieser Schlachten. Und auch sein zweiter Sohn Sigfried starb an den Wunden, die er sich in diesen Kämpfen zugezogen hatte. Geros Knechte nahmen einige Wenden gefangen, darunter auch einen alten, weißbärtigen Fürsten. Der war stolz und lachte über seine Feinde. Und er rief triumphierend: „Ich schlug Siegfried die Wunde, an der er starb. Dreißig Männer erschlugst du, Gero, und damit, dass ich dir Bruder und Söhne nahm, ist erst ein Zehntel deiner Schuld getilgt worden. Czernebog (böse Gottheit der Slawen) wird's dir lohnen. Czernebog wird Dich greifen und zermalmen!".

Aber nicht Czernebog strafte den Markgrafen, sondern dem lieben Gott hatte Geros dreißigfacher Mord nicht gefallen. Er strafte Gero mit Trauer über die getöteten Söhne und den Bruder. Reue über seine Tat ergriff ihn. Er wollte Sühne leisten und stiftete das Kloster Gernrode. Die Witwe seines Sohnes Sigfried wurde erste Äbtissin des Stifts.

Diese Ereignisse liegen über 1.000 Jahre zurück. Slawen, Wenden, Sachsen, Franken und Thüringer sind verschmolzen, sind heute ein Volk. Doch bei Vollmond soll noch heute Gero aus seinem Grabe aufstehen und den Ort seiner Schandtat besuchen. Und so wird er es wohl tun, bis zum jüngsten Tag.

VII. Markgraf Gero und die Slawen

Die Sage fußt auf geschichtlichen Ereignissen des frühen Hochmittelalters. Otto der Große residierte in Quedlinburg und Markgraf Gero in Gernrode. Der Markgraf wuchs zusammen mit Otto I. auf, sein Vater Thietmar war Erzieher des späteren Kaisers. So kam es wohl auch, dass Gero von seinem König beauftragt wurde die Slawen östlich der mittleren Elbe und Saale zu unterwerfen. Gero war in seinem Vorhaben sehr erfolgreich, was ihm den Titel Markgraf der Ostmark einbrachte. Jedoch hatte er viele Kämpfe zu bestehen und Widerstände zu überwinden. Die slawischen Fürsten gaben sich nicht so einfach geschlagen.

Die Sage berichtet daher, dass Gero die Slawenfürsten zu einem Festmahl auf seine Burg in Gernrode einlud. Angeblich sollte die Zusammenkunft zu vertraglichen Verhandlungen genutzt werden. Die Slawen waren skeptisch, nahmen die Einladung jedoch an. In Gernrode angekommen wurden sie festlich bewirtet und als Wein und Bier ihre Wirkung entfaltete, ließ Gero alle Gäste niedermetzeln. Damit war auch die Ostmark erobert. Soweit die Sage, für deren Wahrheitsgehalt es jedoch keine schriftlichen Belege gibt. Für dieses Verbrechen wurde ein Sühnekreuz im Stiftsgelände aufgestellt.

Dieses wurde im Laufe der Zeit mehrfach umgesetzt. Heute steht es vor der Gernröder Marktkirche. Ob dieses Kreuz jedoch mit dem angeblichen Verbrechen Geros in Zusammenhang steht, ist fraglich. Das Kreuz ist sehr alt und stark verwittert, Schrift ist nicht mehr erkennbar, die Sage aber hat alle Zeit überdauert.

ALTE ELEMENTARSCHULE
Gernrode / Harz

1533 - erste Erwähnung der vermutlich ältesten
protestantischen Elementarschule Deutschlands

Gernroder Kulturverein
"Andreas Popperodt" e.V.

Gernroder Kulturverein
Andreas Popperodt e. V.

Öffnungszeiten: Mo. - Fr.
10.00 Uhr - 12.00 Uhr
14.00 Uhr - 16.30 Uhr
Sa. 14.00 Uhr - 17.00 Uhr

Auf Fundamenten aus dem 15./16. Jahrhundert erhebt sich heute ein Gebäudeensemble aus dem 18. Jahrhundert. Lange Zeit unbeachtet, drohte es zu verfallen. Der Kulturverein "Andreas Popperodt" e.V. erwarb es und restaurierte es mit viel Aufwand. Heute erstrahlt das historische Denkmal wieder in alter Schönheit. Im Inneren konnte viel Originales erhalten werden.
Erleben Sie bei uns unter anderem:
- Führungen durch das Haus, Kunstausstellungen
- eine Unterrichtsstunde im historischen Klassenzimmer
- Ausstellungen zur Stadt- und Schulgeschichte
- die ständige Ausstellung "Mineralien des Harzes"
- Märchenstunden am Kachelofen mit Bratäpfeln
- kulturelle Veranstaltungen, wie Lesungen, Vorträge.

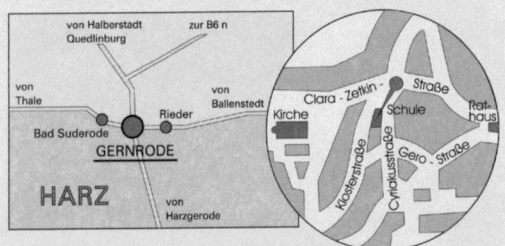

Gernroder Kulturverein "Andreas Popperodt" e.V.
St. Cyriakusstraße 2
06485 Quedlinburg OT Gernrode
Tel.: 039485 265
kontakt@elementarschule-gernrode.de
www.elementarschule-gernrode.de
Spendenkonto DE67 8006 3508 2401 450801

VIII. Alte Elementarschule Gernrode

Unweit der mehr als 1.000 Jahre alten St. Cyriakuskirche steht die vermutlich älteste protestantisch lutherische Elementarschule Deutschlands. Bereits 1533 wurde die Schule erstmals im Archiv, als unter der Obhut des Stifts stehend, erwähnt.

Die Alte Elementarschule in Gernrode.

Der Ursprung der Elementarschule ist auf die veranlasste Reformation des Gernröder Stifts durch die Äbtissin Elisabeth von Weida im Jahr 1521 zurückzuführen. Sie war sehr aufgeschlossen für die neuen Gedanken Martin Luthers. Außerdem hatte sie sicherlich Kontakt mit dem Propst des Stifts Frose – Thomas Müntzer, denn das Stift Frose war dem Stift Gernrode unterstellt. Der von der Äbtissin Elisabeth von Weida zum Studium nach Wittenberg entsandte Pastor Stephan Molitor setzte sich nach seiner

41

Rückkehr für die Gründung einer öffentlichen Bürgerschule ein.

Schon Martin Luther hatte in seinem Sendschreiben im Jahr 1524 an alle Bürgermeister und Ratsherren appelliert, städtische Schulen und Bibliotheken einzurichten. Auf Fundamenten aus dem 15. / 16. Jahrhundert erhebt sich ein aus dem frühen 18. Jahrhundert stammender Fachwerkbau.

Heute sind noch zwei der alten Schulräume original erhalten. Die letzten Schulstunden in dem altehrwürdigen Gebäude fanden 1847 statt, danach wurde es von unterschiedlichen Eigentümern zur Arbeit und zum Wohnen genutzt.

Um dieses Gebäude zu retten, gründete sich 1995 der Kulturverein „Andreas Popperodt" und kaufte es. Der gesamte Schulkomplex wurde mit Hilfe von Fördergeldern und Spenden aufwendig saniert und rekonstruiert und ist als eine Art Heimatmuseum zu besichtigen.

4. Der Heilige Teich bei Gernrode

Heute ist dieser Teich, der mitten in dichtem Walde liegt, gut zugänglich. Ein Waldweg führt vorbei und die Selketalbahn fährt an seinem Ufer entlang.

Dies war zu jener Zeit, nach der Gründung des Gernröder Stifts um 963, ganz anders. Kaum jemand verirrte sich in diese schwer zugängliche Gegend.

Damals sprach es sich herum, dass die hohe, vielgeliebte Äbtissin Hathui diesen Teich als stillen Rückzugsort

nutze. Der Teich entwickelte sich zum regionalen Wall-
fahrtsort, konnte man dort doch die fürstliche Frau mit
dem guten Herzen, die den weltlichen Versuchungen ent-
sagt hatte, antreffen. Jeder Kranke fand Trost und Hilfe
bei dieser selbstlosen Gottesdienerin und wo sie Elend
lindern konnte, da tat sie es.

Eines Tages wurde Hathui krank und musste das Bett hü-
ten. Da trat eine Nonne ein und berichtete ihr von einer
schwerkranken Frau, die dem Tode nahe sei und sich
nach der Äbtissin sehne. Da wurde es der kranken Hathui

Bange. *Sie dachte daran, wie nötig sie sei am Bett der Ärmsten, die Sünden beladen durchs Leben gegangen war und nun keine Ruhe fand, trotz Beichte und Abendmahl. Es hielt sie nicht länger im Bett. Sie stand auf, kleidete sich warm an und eilte zur Hütte der Kranken, so schnell es ihre geschwächten Beine hergaben.*

Mit ihren Gebeten und ihrer unerschütterlichen Zuversicht gelang es ihr, die Kranke zu trösten und sie auf den bevorstehenden Tod vorzubereiten. Und als sie gegen Morgen in Hathuis Armen gestorben war, schlich die kranke Äbtissin zurück auf ihr Lager. Fieberschauer schüttelten sie und schwarze Schatten legten sich über ihre Augen. Mit unerschütterlichem Glauben eilte ihre Seele dem Himmel entgegen.

Es war gegen Mittag, die Stunde, in der sie sonst alltäglich zu dem Waldteich gepilgert war, da stürzte ein Blutstrom aus ihrem Mund und bereitete ihrem erfüllten Leben ein Ende. Ihre Seele hatte sich emporgeschwungen, zu Gott.

Im tiefen Wald, an Hathuis Lieblingsstätte, dem Teich, weilten indes Arme, Geschundene und Krüppel. Denen hatte sie sonst immer Gaben mitgebracht und ihre Wunden versorgt. An jenem Tag, zu jener Stunde, war alles anders. Mit Staunen sahen die Teichpilger, wie sich plötzlich das Wasser blutrot färbte und unheilvoll aufschäumte. Dann wurde es wieder blasser und blasser, leuchtete grün auf und bekam zuletzt seine alte Farbe wieder und war still.

Der Teich wurde von diesem Tag an „Heiliger Teich" genannt.

IX. Der Stauteich „Heiliger Teich"

Der heutige „Heilige Teich" ist ein Stauteich, der 1745 zu Bergbauzwecken angelegt wurde. Er wurde zum Betrieb einer Wasserkunst-Anlage für Erzgruben unterhalb des Teiches, im Ostergrund, geschaffen.

Das Wasserhebe-Projekt erwies sich jedoch als zu kostspielig und wurde bereits 1749 wieder eingestellt. Es kann davon ausgegangen werden, dass bereits vor dem Dammbau an dieser Stelle ein Naturteich vorhanden war. Später wurde der „Heilige Teich" als Trinkwasserreservoire für Gernrode und Umgebung genutzt – heute hat er auch diese Bedeutung verloren.

Der idyllisch mitten in Laubmischwäldern gelegene Teich besteht aus zwei Armen. Die Verbindung des kleineren westlichen Arms, zum größeren Ostarm, ist von einer Brückenkonstruktion mit dem Gleisbett für die Selketalbahn überbaut.

Der gesamte Teich hat etwa eine Länge von 280 Metern und eine Breite von 80 Metern. Er ist heute Bestandteil eines Privatforstes der Familie von Alten.

X. Das Sternhaus

Die Idee von der Anlegung sternartiger Parkwege stammt aus italienischen Renaissance-Gärten und wurde von Frankreich übernommen. Dort wurde diese Art der Wegeanlegung für die Forsten perfektioniert, um insbesondere Parforcejagden für den Adel zu erleichtern.

Diese Entwicklungsform der Garten- und Forsten-Architektur gelangte auch nach Deutschland, wo sie schnell im absolutistischen Staatsgefüge der anhaltischen Fürstentümer Eingang fand.

Zunächst wurde sie in den fürstlichen Gärten und Parks in Dessau und Oranienburg umgesetzt. Die Fürsten von Anhalt waren auch Jäger und betrieben mit Leidenschaft die damals bevorzugte Parforcejagd. Diese Hetzjagd mit einer Hundemeute zu Pferde bedurfte bestimmter Voraussetzungen, insbesondere jedoch langer gerader Wege oder Flure. Fürst Victor Friedrich hat nachweislich ab 1728 zwischen Ballenstedt, Ramberg, Mägdesprung und Haferfeld diese Jagd betrieben. Dafür ließ der Fürst ein sternförmiges Wegenetz anlegen, dessen Zentrum das heutige Sternhaus war.

Ab 1744 bestand dann an dieser Wegeschnittstelle bereits ein Wildschuppen. 1771 wird in den Quellen erstmals ein Rundbau erwähnt, der eine Art Jagdhaus darstellte und als ursprüngliches Sternhaus anzusehen ist.

Als Erbauer wird Fürst Friedrich Albrecht angesehen, der seine Residenz 1765 von Bernburg nach Ballenstedt verlegt hatte. Unter diesem Fürsten setzte eine umfangreiche Bautätigkeit ein: Das Schloss Ballenstedt wurde erbaut und auch die Oberstadt, die Ballenstedter Allee wurde angelegt. Zudem ließ der Fürst eine Reihe von Jagdhäusern errichten: auf dem Ziegenberg, dem Röhrkopf, dem Meiseberg, das russische Haus im Selketal, über dem Eulengrund die Klause sowie ein Häuschen in der Heinrichsburg.

Zunächst hatte der Fürst jedoch das alte Zeug- und Jagdhaus am Fuße des Schlosses 1765 von Pelletier zum

Großen Gasthof umbauen lassen. Zentrum dieses Objektes war der Rundbau des Redoutensaales, dessen Architektur dann auf den Sternhausrundbau übertragen wurde. Von dem achteckigen Radialbau führen sternförmig acht Alleen in die umliegenden Forste und auf jede gibt ein Fenster des einstöckigen Oktagons Ausblick.

Die Waldgaststätte Sternhaus.

Später kam ein Fachwerkhaus hinzu, das direkt angebaut wurde und dem Aufseher als Wohnung diente. Leider sind bisher keine Dokumente aufzufinden, die den Baufortschritt dokumentieren. Es kann daher nur auf andere Quellen zurückgegriffen werden, die über das Sternhaus berichten. Nach Blumenhagens Harzbeschreibung war das Sternhaus 1838 noch ein Jagdhof. Wohl um 1850 wurden dann daraus die Försterei und das Gasthaus.

Heute besteht die Försterei nicht mehr, seit dem Ende des 2. Weltkriegs dient das Sternhaus ausschließlich als Waldgasthaus. Das Sternhaus mit seinem Wegenetz stellt ein bedeutendes Denkmal der Jagdgeschichte des anhaltischen Unterharzes dar und ist von landschaftsbestimmender Wirkung. Erhalten ist die zweigeschossige

Fachwerkarchitektur von Mitte/Endes des 19. Jahrhunderts sowie der Wirtschaftsbau, der teilweise aus dem 18. Jahrhundert stammt. Der sternenförmige Saalbau wurde leider 1976 wegen Schwammbefalls abgerissen.

Heute ist das Sternhaus eine Waldgaststätte.

5. Die Raubnester Heinrichsburg und Erichsburg

Auf diesen beiden Burgen im Gernröder Forst hauste in alten Zeiten gefährliches Raubzeug. Gemeinschaftlich zogen die Besatzungen auf Raubzüge und mancher Kaufmannswagen sowie mancher Reisende verschwand für immer in dem Einzugsgebiet jener Burgen.

Die Grafen von Hohnstein, ein edles Geschlecht mit Sitz im Südharz, waren die Lehensherren dieser beiden Burgen. Ihnen war es Ehre und Bedürfnis zugleich, Armen und Bedrängten Beistand zu leisten. Daher ermahnten sie die Heinrichsburger und die Erichsburger wiederholt, friedliche und unbescholtene Reisende ungeschoren ihrer Wege ziehen zu lassen. Es sei ihre Lehenspflicht, nicht so weiter zu leben, nicht zu rauben und zu morden und damit Schimpf und Schande über Adel und Reich zu bringen, so die Hohnsteiner Grafen.

Die verbündeten Raubritter aber scherte die Grafenschelte wenig, im Gegenteil, sie trieben es immer schlimmer. Und auch ihre Lehensschulden wollten sie einfach nicht zahlen.

Zu dieser Zeit reiste Graf Arno von Hohnstein zu seiner Hochzeit. Und er führte in seinem Reisetross reiche Geschenke und kostbare Gewänder nebst Schmuck mit. Verrat lauert überall auf Erden und wo zwölf Menschen zusammen sind, ist bestimmt auch ein Judas dabei.

So wurden des Grafen Reisepläne verraten und die Raubritter wussten um den kostbaren Hochzeitszug. Wie immer legten sie sich in einen Hinterhalt und beraubten und erschlugen ihren eigenen Lehensherren. Da aber war ihr Maß voll!

Die Hohnsteiner stellten einen großen Haufen Ritter und Knechte zusammen, die loszogen um das Raubgesindel zu erschlagen und die beiden Burgen zu schleifen. Das half aber der unglücklichen Braut und dem erschlagenen Grafen wenig.

49

Wenn die Dämmerung naht im Gernröder Forst, traut man sich auch heute noch kaum die Wege unweit von Heinrichsburg und Erichsburg zu gehen. Denn aus Buschwerk und Unterholz hört man bange Seufzer und mitunter raschelt und stampft und röchelt es, als würde gerade einer erschlagen.

XI. Die Geschichte der Heinrichsburg

Diese Wanderrute tangiert nur die Heinrichsburg. Wenig ist über diese Burg bekannt, wir kennen weder ihr Alter noch ihren Erbauer.

Es kann vermutet werden, dass die in 349 Metern Höhe liegende Burg als Schutzburg für die nahen Hütten- und Bergwerke erbaut wurde. Wo Hüttenwesen und Bergbau betrieben und eine Burg errichtet wurde, da müssen auch schon befahrbare Wege vorhanden gewesen sein.

Die Heinrichsburg bei Mägdesprung / Harz

gezeichnet von Wolfgang Braun 1997

50

Die erste Nennung der Burg als „Iwanus miles de Hein-richsberge" ist für das Jahr 1290 verbrieft. Daraus fol-gernd, muss die alte Heerstraße von Gernrode bis nach Harzgerode zu dieser Zeit schon bestanden haben. Diese schloss an die alte „Hohe Straße" oder „Klausstraße" an, die nördlich nach Braunlage und südöstlich ins Mansfel-der Land führte.

Im Jahr 1307 wurden für die Heinrichsburg die Grafen von Stolberg als Lehnsherren genannt. Für diese Zeit wird die Burg als Raubnest bezeichnet, wie die Mansfeldische Chronik berichtet. Weiter wird berichtet, dass im Jahr 1344 die Grafen von Hohnstein die Burg belagerten, ein-nahmen und die gefangen genommenen Räuber hinrich-teten.

Doch schon im Jahr 1377 kam die Heinrichsburg zurück zu den Grafen von Stolberg. Im Jahr 1576 verpfändeten die Stolberger die Burg, die dann in den Alleinbesitz der Grafen von Anhalt kam. Bald danach muss die Burg auf-gegeben worden sein, denn sie begann schon früh zu ver-fallen.

Eine letzte Nachricht stammt aus dem Jahr 1784, als Fürst Friedrich Albrecht von Anhalt-Bernburg in der Ruine ein kleines Jagdhaus mit Garten errichten ließ. Über den Verbleib des Jagdhauses gibt es keine Überlieferungen.

XII. Das technische Denkmal „Carlswerk" in Mägdesprung

Mit dem Beginn der Entwicklung von Eisenhütten zum Ende des 18. Jahrhunderts, die vorher schon in England begonnen hatte, hielt in Deutschland die Industrialisierung endgültig Einzug. Einher gingen neue soziale und kulturelle Entwicklungen.

Eine Region, in der diese Entwicklung in allen Fassetten von statten ging und in der dies noch heute eindrucksvoll nachzuvollziehen ist, stellt das obere und mittlere Selketal dar. Dieses Gebiet gehörte über Jahrhunderte dem askanisch-anhaltischen Fürstenhaus.

Der Unterharz war reich an Erzen und er war reich an Holz und an Wasserkraft. Ideale Voraussetzungen, um im Selketal eine Eisenhütte zu gründen, um der noch stark von den Folgen des Dreißigjährigen Krieges geprägten Region einen Anschub zu liefern, dachte sich Fürst Friedrich und schritt zur Tat. Gewinnen konnte er für sein Vorhaben den reichen Quedlinburger Kaufmann Johann Heydtfeld.

Es war im Jahr 1646, als im Selketal unter dem Mägdesprung die erste Eisenhütte gegründet wurde. Aber Heydtfelds Hüttenprojekt hatte keinen wirtschaftlichen Erfolg und auch die folgenden Besitzer scheiterten. So kam, nachdem das Fürstenhaus Anhalt-Bernburg-Harzgerode ausgestorben war, die Hütte 1710 an Fürst Victor Amadeus von Anhalt-Bernburg. Die Eisenverhüttung wurde nicht wieder aufgenommen. Stattdessen wurden die vorhandenen Anlagen zur Silberverhüttung genutzt.

1729 wurde die Silberverhüttung in die um 1692 gegründete Silberhütte verlagert. Erst für 1757 ist in Mägdesprung wieder die Eisenverhüttung belegt. 12 Jahre später entstand, im oberhalb gelegenen Ortsteil Drahtzug, das „Neue Werk", ein Stahlverarbeitungsbetrieb, in dem sowohl Halbzeuge wie auch Fertigprodukte hergestellt wurden.

Ausstellung im „Carlswerk" in Mägdesprung.

In den Folgejahren erfolgte der Bau von vier Hammerwerken sowie eines Verwaltungsgebäudes, Mägdesprung erlebte seine erste Blütezeit. 1809 wurde ein Hochofen errichtet. Der war Voraussetzung für die Herstellung des berühmten Mägdesprunger Obelisken, einer handwerklichen und ingenieurtechnischen Meisterleistung ihrer Zeit. Der Obelisk wurde von Herzog Alexius von Anhalt-Bernburg zu Ehren seines Vaters Friedrich Albrecht von Anhalt-Bernburg errichtet.

Der Guss der vier 12,5 m langen und 25 mm dicken Obeliskplatten und seine 16,1 m hohe Konstruktion machten die Mägdesprunger Hütte in ganz Europa bekannt. Leider wurde der Obelisk 1978 abgerissen und verschrottet. Der

Eisenhüttenverein Mägdesprung Carl Bischof e. V. setzte sich für die Wiedererrichtung ein und am 18. August 2012, dem 200. Jahrestag, konnte er eingeweiht werden.

Die Skulptur „Die Hirschgruppe" wurde 1870 im Eisenhüttenwerk Mägdesprung hergestellt.

1827 wurde ein Fabrikgebäude errichtet, um Kunstguss herstellen zu können. Der Maschinenbau war aber Schwerpunkt der Unternehmungen und folglich wurde im selben Jahr die Maschinenfabrik „Carlswerk" errichtet. Es folgten zahlreiche Besitzerwechsel sowie 1875 die Einstellung der eigenen Eisenverhüttung. 1880 kaufte dann der Harzgeröder Kaufmann Traugott Wenzel das Werk. Durch den Bau der Selketalbahn erlebte die Eisenhütte Ende des 19. Jahrhunderts ihre Hochzeit. Aber bereits ab etwa 1915 ging es wirtschaftlich bergab.

Das Werk wurde 1917 von Dr. Max Horn aus Harzgerode gekauft und blieb über alle Wirrungen der NS-Zeit und des II. Weltkriegs bis in die DDR-Zeit im Besitz der Familie Horn. Die Welle der Zwangsenteignungen erreichte die Eisenhütte Mägdesprung 1972 endgültig, womit der Verfall der alten Bausubstanz sowie vieler historisch wertvollen Exponate besiegelt wurde.

Nach der Wiedervereinigung wurden die verbliebenen Reste des Werkes an die Familie Horn rückübertragen. Aber der kleine Betrieb schaffte seine wirtschaftliche Aufstellung nicht und wurde abgewickelt.

Die Stadt Harzgerode pachtete das Gelände des ehemaligen, denkmalgeschützten „Carlswerkes" sowie der Neuen Maschinenfabrik mit allen Maschinen und Ausrüstungen. 2002 wurde das Industriemuseum „Carlswerk" eingerichtet und ein Eisenhüttenverein Mägdesprung gründete sich. Mit viel Engagement wird seitdem versucht, dieses industrielle Kulturerbe zu retten und zu erhalten und es der interessierten Öffentlichkeit zu präsentieren. Und was die Vereinsmitglieder sowie zahlreiche andere Helfer bisher geschaffen haben, ist aller Ehren wert und kann sich vor allen Dingen auch sehen lassen.

Die restaurierten alten Maschinen, Ausrüstungen und Werkzeuge lassen die Herzen vieler Technikfreunde höher schlagen. Und für die jungen, computergeprägten Generationen ist das „Carlswerk" der ideale Ort, um sich einen Einblick über Metallverarbeitung zu verschaffen. Wer das „Carlswerk" besichtigt hat, wird dem Irrglauben, das Schrauben und Muttern auf Bäumen wachsen, sicherlich nicht mehr erliegen. Und ganz besonders zu empfehlen ist der jährlich im Sommer stattfindende Hüttentag, an dem von ausgewiesenen Fachleuten alte und uralte Fertigungstechniken und -technologien hautnah vorgeführt werden.

6. Die Wunderblume im Selketal

Zu jener Zeit, als im Lande das Grafengeschlecht der Falkensteiner herrschte, lebte im Selketal ein Mädchen namens Maria mit ihrem Vater in einer halb verfallenen Hütte. Beide lebten von dem, was Wald, Wiesen und ihre Ziegen hergaben. Maria war ein gutes und fleißiges Mädchen und außerdem von lieblicher Schönheit.

Die Grafen und ihre Knechte waren wilde Gesellen, die vor Raub und Plünderung nicht zurückschreckten. Mit allen Mitteln trieben sie vom Volk die Steuern ein. Und wer nicht zahlen konnte, landete schnell im Schuldturm der Burg.

Eines Tages ritt Graf Bodo, der jüngste der Falkensteiner, durch seine Wälder. Plötzlich erblickte er ein bildschönes Mädchen beim Beeren sammeln. Ihre Anmut ließ in ihm den Endschluss reifen, die fremde Schöne auf seine Burg zu entführen. Aber Maria hatte den Grafen gesehen und hatte wohl im Gefühl, dass jener nichts Gutes im Sinn hatte. So schnell sie ihre Füße trugen, rannte sie davon. Aber der Graf konnte ihr folgen und sehen, dass sie in einer kleinen Hütte verschwand.

Am folgenden Tag ritt er zu der Hütte, rief den Hausherrn und befahl ihm seine Tochter zu holen. Der Vater fragte höflich nach den Wünschen des Herrn Grafen. „Ihr habt eure Steuern nicht bezahlt" sagte der und lachte dabei höhnisch. „Ihr müsst zahlen, 5 Taler, könnt ihr es nicht, so hole ich eure Tochter auf die Burg. Da kann sie mir dann dienen. Ich komme morgen wieder und hole das Geld oder deine Tochter." Sprach's, gab seinem Pferd die Sporen und sprengte davon. Der Vater fluchte ihm hinterher.

„Aber woher sollen wir das Geld nehmen?", fragte er seine Tochter. Maria beruhigte den Vater, sie würde dem Grafen niemals folgen. Sie wolle nun in den Wald gehen, vielleicht fiel ihr dort etwas ein. Maria lief zu ihrer Lieblingswiese, die am Ende eines großen, schroffen Felsens lag. Traurigen Sinnes ließ sie sich an einem Quell nieder,

der an dem Felsen entsprang. Wer sollte ihnen helfen und ihnen Geld geben?

Maria saß da, ihre Augen füllten sich mit Tränen und die tropften auf die Wiese. Eine von den Tränen fiel auf eine große Wiesenblume. Kaum hatte sie die Blüte berührt, begann diese in den schönsten Farben zu leuchten. Welch ein Wunder, so etwas Schönes hatte Maria noch nie zuvor gesehen. Instinktiv griff ihre Hand nach der Blume und schon hatte sie die Blüte abgepflückt. Da spürte sie ein Ziehen und Zerren in Hand und Arm.

Die Blume wollte ihr einen Weg weisen und sie folgte bereitwillig und schritt direkt auf den Felsen zu. Dort angekommen neigte die Blume ihr Köpfchen und berührte den Felsen. Und siehe da, der öffnete sich und gab eine mächtige Höhle frei. Das Mädchen war erstarrt vor Schreck und die Blume glitt ihr aus der Hand und fiel zu Boden. Maria wollte sie wieder aufheben, da sah sie, dass der Boden mit Gold bedeckt war. Schnell nahm sie ihr Tuch von den Schultern und füllte es, nahm die Blume und verließ die Höhle. Nach einigen Schritten drehte sie sich nochmals um, aber der Felsen war wieder geschlossen. Wie im Traum wandelte sie nach Hause.

Wie angekündigt, kam am nächsten Tag der Graf. Der war entschlossen, das Mädchen mit sich zu nehmen und sei es mit Gewalt. Aber wie erschrak er, als Maria aus der Hütte trat und ihm das verlangte Geld reichte. Schnell aber hatte er sich gefangen und wurde zornig.

Das Geld wollte er nicht, er wollte das Mädchen. Mit festem Griff zog er Maria auf sein Pferd. Die hielt ihm die Wunderblume entgegen. Im gleichen Augenblick verwandelte sich die Blüte in einen gleißenden Feuerschwall. Der

*Graf fasste sich schreiend an die Augen, aber keiner
konne ihm mehr helfen: die Wunderblume hatte ihm das
Augenlicht genommen.*

*Das Pferd kannte den Weg und brachte den blinden Gra-
fen zurück zur Burg. Am Zaumzeug hing noch Marias
Tuch, darin das ganze Gold. Maria wollte es nicht in der
Hütte behalten, sie meinte das Gold bringt Unglück. Die
Wunderblume aber pflanzte sie in ihr kleines Gärtchen
und hegte und pflegte sie mit viel Liebe, so dass sie jedes
Jahr wieder blühte.*

„Die Wunderblume im Selketal" – alle Sagen haben einen
wahren Kern! Doch welchen hat diese Wunderblumen-
Sage? Auf den Wiesen im Selketal gibt es eine Blume, die
es in sich hat und die in dieser Häufigkeit nur in wenigen
Gebieten des Harzes anzutreffen ist: die Herbstzeitlose.

XIII. Die Selkemühle und die Burg Anhalt

Hoch über der Selkemühle thronte einst die mächtige
Burg Anhalt. Der Legende nach soll es jedoch zuerst die
Selkemühle gegeben haben. Sie war damals eine Lehm-
und Tonmühle und soll die Ziegelsteine für die Burg geliefert haben.

Und noch eine andere Legende rankt sich um die Mühle,
die damals wohl Leimufermühle genannt wurde: Am
3. Juli 1090 soll dort von den Kriegsleuten der Quedlinburger Äbtissin Adelheid der Markgraf Ekbert von Meißen
ermordet worden sein.

Ekbert war der größte Widersacher von Kaiser Heinrich IV. und von Adelheid, der Schwester des Kaisers.

Solange die Burg Anhalt und das zugehörige Dorf Anhalt bestanden (12. - 14. Jahrhundert), wurde die Mühle von dort genutzt. Danach wurde sie zur Getreidemühle. Später verlor die Selkemühle ihre Bedeutung und wurde wüst. Mit dem Aufkommen des Fremdenverkehrs, zum Ende des 19. Jahrhunderts, begannen drei Ballenstedter Damen die Mühle zu sanieren und als Gasthaus zu betreiben.

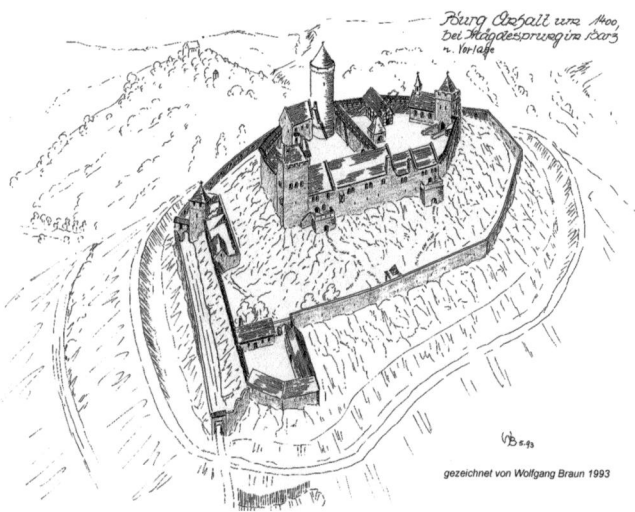

gezeichnet von Wolfgang Braun 1993

Die einstige gewaltige Burganlage ist heute eine Ruine, von der nur noch Mauerreste von Kapelle, Wohntrakt, Bergfried und Ringmauer vorhanden sind. Trotzdem ist die Ruine eine Wanderung wert.

Zu Beginn des 20. Jahrhunderts kaufte ein Fritz Böcker das Anwesen und beendete den Dornröschenschlaf der

Selkemühle. Der umtriebige Gastwirt gründete auf den Selketalwiesen die erste deutsche Shetlandpony-Zucht, schuf einen kleinen Landschaftspark, errichtete einen Wildpark, baute Übernachtungskapazitäten auf und eröffnete den ersten Harzer Biergarten.

Vieles davon hat die letzten hundert Jahre überdauert und der Biergarten ist bis heute ein Aushängeschild der Selkemühle. Zu DDR-Zeiten war sie Ferienheim der Post mit öffentlicher Gaststätte und nach der Wiedervereinigung ging sie wieder in private Hände über und durchlebte eine wechselvolle Geschichte.

7. Das Gold der Tidianshöhle

Schon in ganz alten Zeiten, als die Harzbewohner noch den Naturgöttern huldigten und noch nichts aufgeschrieben wurde, sollen Fremde ins Selketal gekommen sein. Man nannte diese unheimlichen Fremden „Venediger".

Jedes Jahr wieder sollen drei von ihnen gekommen sein. Sie trugen seltsame, aber edle Kleider und holten aus einer Höhle Sand, den sie in Säcke füllten und mit edlen Pferden abtransportierten. Kein Mensch hat sich darum gekümmert, denn man wusste nicht, wofür der Sand gut sein sollte. Und wenn mal einer die Fremden danach fragte, so sagten sie: „Zum leichteren Schmelzen des Eisens". Über viele, viele Jahre ging das so.

Einmal kamen die Venediger wieder und die Höhle war mit riesigen Felsstücken verschlossen. Sie konnten nur noch zehn Schritt weit hinein gehen. Und von ihrem Sand fanden sie keine Spur mehr. Da erzählten sie den Menschen, dass sie immer reinen Goldsand aus der Höhle geholt hätten und damit sehr reich geworden waren. Und sie wollten wissen, was die Höhle verschüttet hatte, denn Menschenhände könnten das nicht gewesen sein. Aber die Menschen schenkten den Fremden keinen Glauben. Trotzdem gab es immer wieder Neugierige, die nach der mysteriösen Höhle suchten, aber wohl keiner fand sie.

Eines Tages war einem Hirten Namens Tidian, der im Dienste der Falkensteiner Grafen stand, eine Kuh entlaufen. Tidian kannte seine Herrn und wusste von dem Ungemach, das auf ihn zukommen würde, wenn er die Kuh nicht wieder finden würde. Also machte er sich auf die Suche und da er seine Herde auf den Wiesen unterhalb des Ausberges hütete, begann er seine Suche an den Berghängen. Bald stieß er auf einen Höhleneingang, aus dem Wasser lief und dessen Boden mit Goldsand bedeckt war. Da ließ er die verlorene Kuh außer Acht, stopfte sich Taschen und Beutel voll und ging nach Hause.

Er wollte mit dem Goldsand nach Halberstadt zu einem Goldschmied gehen. Also machte sich Tidian auf und war am nächsten Morgen in der Bischofsstadt. Der Goldschmied war sehr angetan von der Güte des Goldes und bezahlte reichlich.

Einige Tage später war Tidian wieder an der Höhle, um Goldsand zu holen. Aber er fand nichts mehr. Da war ihm klar, dass Geister und andere böse Mächte ihre Hand im Spiel hatten und das Gold nicht jeden Tag zu finden war. Jeden Tag suchte er nun die Höhle auf, bis er eines Tages, in einer Neumondnacht, wieder Goldsand fand.

Da beschloss Tidian das Gold wieder nach Halberstadt zum Goldschmied zu bringen und dann nicht weiter nach Reichtum zu streben. Er hatte jetzt genug Geld um seine

Liebste, die ihm vorher versagt worden war, zu heiraten und eine Familie gut versorgen zu können.

In diesen Tagen ergab es sich aber, dass der Graf von Falkenstein nach Halberstadt ritt, um beim Goldschmied für seine Braut Hochzeitsschmuck zu erwerben. Der Graf sah den feinen Goldsand liegen und fragte nach dessen Herkunft. Da erzählte ihm der Goldschmied von dem Hirten und der Höhle im Selketal.

Der Graf kehrte auf seine Burg zurück und ließ den Hirten rufen. Er befahl ihm, ihn zu der Höhle mit dem Goldsand zu führen. An der Höhle angekommen wusste der Graf nun den Weg und ließ den Hirten ergreifen und blenden.

Denn er argwöhnte, dass der Hirte nochmals zu der Höhle kommen könnte, um Gold zu holen oder auch noch einen anderen dorthin führen könnte.

In der nächsten Neumondnacht ritt der Graf allein zur Höhle, denn er traute keinem. Aber da war nichts, außer Morast und Geröll. Und aus dem Dunkel der Höhle erklang eine unheimliche Stimme, die einen furchtbaren Fluch aussprach. Verstört kehrte der Graf auf seine Burg zurück, wo er schon erwartet wurde, denn seine Braut war gerade verstorben. Und auch der Graf verstarb nur wenige Tage nach diesem Ereignis.

Die Höhle, die gegenüber dem Kleinen Hausberg liegt, wurde fortan als verflucht angesehen und Tidianshöhle genannt und der Berg Tidiansberg. Und keiner hat sich jemals wieder in die Höhle getraut, bis heute nicht!

XIV. Gold aus dem Harz?

Um keinen anderen Stoff ranken sich wohl so viele Sagen wie um Gold. Auch in der Harzregion ist das nicht anders. Das Gold, das auf der Erde vorkommt, ist auf Grund seiner hohen Dichte vorrangig im flüssigen Erdkern zu finden. Jenes, das die Menschen bisher gefunden haben, ist in der Regel durch vulkanische Prozesse an die Oberfläche gekommen. Solche Prozesse haben jedoch in der Harzregion wenig stattgefunden, so dass Gold kaum gefunden wurde.

Dennoch entwickelte sich im Harz ein reicher Sagenschatz zum Gold. Bei dem gefundenen Gold handelt es sich vorzugsweise um sogenanntes Waschgold aus den

Harzflüssen. Der wohl goldreichste Harzfluss ist die Selke.

Eine Erklärung dafür kann nur sein, dass sich in der tieferen Schichten des Quellgebietes Gold befindet, das vom Wasser ausgewaschen und dann mitgerissen wird. Aber keine Euphorie: die Goldpartikel sind sehr klein, wenn man 1 g findet, so ist das schon außergewöhnlich.

Dass in der Tidianshöhle, die gut versteckt an einem Hang am Selketalweg, nicht weit von der Selkemühle entfernt liegt, ist mehr als unwahrscheinlich. Eher beruht die Sage wohl auf einem etwas größeren Fund von Wasch- oder Schwemmgold aus der Selke.

XV. Der Bismarckturm Opperode

Im Ortsteil Opperode von Ballenstedt steht ein Bismarckturm. Er ist einer von insgesamt 172 auf deutschem Boden.

Wie in so vielen anderen Orten in Deutschland und vielen anderen mit Deutschland verbundenen Ländern, wollte man auch in Ballenstedt dem ersten Deutschen Reichskanzler Otto Graf von Bismarck ein Denkmal setzen. Ideengeber war dafür 1913 Bürgermeister Wendt aus Ballenstedt, der einen Bismarckturm errichten lassen wollte. Als Standort wurde vom dazu gegründeten Turmausschuss der südlich von Opperode gelegene Stahlsberg gewählt, der eine wunderschöne Aussicht ins nordöstliche Harzvorland gewährte.

Nachdem man schnell das nötige Geld für den Bau beisammen hatte, wurde der bekannte und erfahrene Architekt Prof. Wilhelm Kreis als Planer ausgewählt. Zu jener Zeit gab es schon über 50 Bismarcktürme und -denkmale, die aus der Feder von Prof. Kreis stammten. Der Professor fertigte einen Entwurf, der seinem preisgekrönten Entwurf „Götterdämmerung" sehr ähnlich war. Dieser Entwurf sah einen Aussichtsturm mit Feuerschale vor.

Bismarckturm Opperode

Als Baumaterial wurde heimischer Kalkstein und Granit gewählt und der Ballenstedter Zimmermannsmeister Fritz Falley wurde 1914 mit der Bauausführung beauftragt. Die renommierte Kunstgewerbeschule Düsseldorf erhielt den Auftrag zur Fertigung eines Bismarck-Wappens, das später über dem Turmeingang angebracht wurde. Dann jedoch bot der 1. Weltkrieg dem Bauvorhaben Einhalt und das Projekt kam für 17 Jahre zum Erliegen. Dann erst ließ

der Harzklub, Zweigverein Ballenstadt, den Turm fertig-
stellen, allerdings mit einigen baulichen Änderungen gegenüber den ursprünglichen Plänen.

In den folgenden Jahrzehnten wurde der Turm stark ver-
nachlässigt, was seine Spuren hinterließ. Erst 1994 nahm
man sich des Turmes wieder an, entdeckte ihn praktisch
neu und sanierte ihn. Seit 1995 ist der Bismarckturm Opperode nun wieder Aussichtsplattform und kann über
seine 57-stufige Innentreppe erstiegen werden. Allerdings
ist der Turm nicht ständig geöffnet, den Schlüssel dafür
kann man aber in der Tourist-Information Ballenstedt holen.

Bildnachweis

Wir haben uns bemüht, bei allen hier verwendeten Fotos, Zeichnungen und Grafiken die Rechte-Inhaber ausfindig zu machen, sofern diese nicht bei uns liegen. Falls es dessen ungeachtet Rechte-Inhaber geben sollte, die wir nicht recherchieren konnten, so bitten wir um Nachsicht und um eine Nachricht an den Verlag oder Autor. Berechtigte Ansprüche werden dann im Rahmen der üblichen Vereinbarungen abgegolten.

Alle farbigen Sagenzeichnungen: Lisa Berg

Burgen-Rekonstruktionszeichnungen: Wolfgang Braun

Fotos: Sternal Media

Alle weiteren Abbildungen: Archiv Sternal

Weitere Bücher aus dem Verlag Sternal Media

Historischer Bergbau im Thalenser Revier

Ein etwas anderer Wanderführer:
Thale, Cattenstedt, Wienrode, Timmenrode, Warnstedt, Weddersleben,
Neinstedt, Stecklenberg, Bad Suderode, Allrode und Friedrichsbrunn

Bernd Sternal, Günter Wilke

Sucht man einen Reiseführer für den Harz, so stößt man auf ein breites Angebot für die unterschiedlichsten Interessengebiete. Jedoch ist der Harz, vom Territorium her betrachtet, recht weitläufig. Das führt dazu, dass viele dieser Führer sich mit ihren Informationen auf das Notwenigste beschränken müssen. Nun gibt es die verschiedensten Interessengebiete: Zwei davon sind die Geologie und der Bergbau. Beide sind im Harz in einer seltenen Vielfalt und Ausprägung aufzufinden. Für die Region Thale hat sich der Heimatforscher Günter Wilke dieser Themen angenommen und in langjähriger, beschwerlicher Entdecker- und Forschertätigkeit 162 bergbauliche Relikte in dieser Region erkundet und zusammengetragen. Gemeinsam mit dem Autor Bernd Sternal wurde daraus ein kleiner, spezieller Führer durch die bergbauliche Vergangenheit der Region Thale. Mit größtmöglicher Sorgfalt wurden alle aufgefundenen Objekte in eine Karte eingezeichnet, so dass sie hoffentlich von Interessenten aufgefunden werden können. Leider gab es bei Beginn dieses Projektes noch kein GPS, was natürlich die genaue Positionsbestimmung erheblich verbessert hätte. Dennoch hoffen die Autoren, bergbaulich Interessierten eine hilfreiche Entdecker-Lektüre in die Hand geben zu können.

Das kleine Buch ist mit 16 schwarz-weiß Fotos sowie einer farbigen Karte illustriert.

Taschenbuch ISBN: 978-3-7347-9497-1

Der Harzwald Ein Ökosystem stellt sich vor

Wald: Ein Lösungsbaustein für die Abschwächung des Klimawandels

Bernd Sternal

Der Wald ist wohl das Ökosystem auf unserem Planeten, das Klima, Wetter und Natur am stärksten beeinflusst. Daher sollten wir den Wald schätzen, achten und vor allem erhalten. Wir kommen in unserem Leben nicht ohne Holz aus, und das wird uns von den Waldbäumen geliefert. Dennoch sollten wir mit dem Holz und somit auch den Bäumen und dem Wald pfleglicher und nachhaltiger als bisher umgehen. Denn Wald ist nur im Gesamtkontext zu sehen: Wird ein Waldstück gerodet, so sterben nicht nur die Bäume: Auch das Leben vieler Pflanzen, Tiere und Pilze wird vernichtet. Viele der ökologischen Zusammenhänge im Wald sind uns nur ansatzweise bekannt. Wir können jedoch davon ausgehen, dass jedes einzelne Lebewesen in der Natur seine Daseinsberechtigung hat und zudem seinen ganz speziellen Zweck erfüllt, auch wenn wir diesen noch nicht erkannt haben sollten. Meine Ausführungen in diesem Buch sollen dazu beitragen, den Wald als Ökosystem etwas besser zu verstehen und ihn mehr zu schätzen, als wir es derzeit tun.

Im Buch finden Sie 32 farbige und 6 schwarz-weiße Zeichnungen, 39 farbige und 10 schwarz-weiße Fotos, 3 Karten sowie 33 weitere Abbildungen zu den einzelnen Themen.

Taschenbuch: Seiten:164,
Preis: 21,00 €
ISBN: 978-3-7519-3613-2

Burgen und Schlösser der Harzregion
Autoren: Bernd Sternal, Wolfgang Braun

Das Autorenteam um Bernd Sternal versucht Ihnen mit diesen Büchern die von Mystik umwehten Relikte einer längst vergangenen Zeit näher zu bringen. In einzigartiger Weise haben wir geschichtliche Fakten mit detaillierten Grundriss- und Rekonstruktionszeichnungen sowie historischen Stichen verknüpft.

Band 1: Geb. Ausgabe: ISBN: 978-3-8391-8878-1
Taschenbuch: ISBN: 978-3-8423-3947-7
Band 2: Geb. Ausgabe: ISBN: 978-3-8423-5024-3
Taschenbuch: ISBN: 978-3-8423-7730-1
Band 3: Geb. Ausgabe: ISBN: 978-3-8482-0809-8
Taschenbuch: ISBN: 978-3-8482-1841-7
Band 4: Geb. Ausgabe: ISBN: 978-3-7322-9149-6
Taschenbuch: ISBN: 978-3-7322-9181-6
Band 5: Geb. Ausg.: ISBN: 978-3-7347-3773-2
Taschenbuch: ISBN: 978-3-7347-3119-8

Burgenbau und Burgenleben in Nord- und Mitteldeutschland - Faszination und Mystik
Autor: Bernd Sternal

Taschenbuch:

ISBN: 978-3-7392-4631-4

Die Harz-Geschichte
Autor: Bernd Sternal

Der Harz als nördlichstes deut-
sches Mittelgebirge war zu allen
Zeiten eine Kulturscheide.
Daraus entwickelt hat sich eine
einzigartige Kulturlandschaft,
eine Symbiose aus ver-
schiedensten Landschaftsfor-
men und Vegetationsstufen, ein-
hergehend mit den unterschiedlichsten menschlichen Sied-
lungsstrukturen. Dieses Mittelgebirge, mit seinen Vorlanden, in
all den Facetten seiner Entwicklung vorzustellen, ist Anliegen
dieser Bücher.

Band 1: Von seiner geologischen Entstehung bis zur Zeit der Völker-
wanderungen
Gebundene Ausgabe: ISBN: 978-3-8423-4263-7
Taschenbuch: ISBN: 978-3-8482-0263-8
Band 2: Das Früh- und Hochmittelalter:
Gebundene Ausgabe: ISBN: 978-3-8482-1339-9
Taschenbuch: ISBN: 978-3- 8482-0746-6
Band 3: Das Spätmittelalter:
Gebundene Ausgabe: ISBN: 978-3-7322-6348-6;
Taschenbuch: ISBN: 978-3-7322-6215-1
Band 4: Reformation, Bauernkrieg und Schmalkaldischer Krieg:
Gebundene Ausgabe: ISBN: 978-3-7357-5965-8
Taschenbuch: ISBN: 978-3-7357-5968-9
Band 5: Die Zeit des Dreißigjährigen Krieges:
Gebundene Ausgabe: ISBN: 978-3-7386-4027-4
Taschenbuch: ISBN: 978-3- 7386-3989-6
Band 6: Vom Westfälischen Frieden 1648 bis zum Ende der Napoleo-
nischen Kriege 1815
Gebundene Ausgabe: ISBN: 978-3-7448-7017-7
Taschenbuch: ISBN: 978-3-7448-9724-2